LETTRE

DU

TONKIN

Haï-Phong, octobre 1885.

———※———

PARIS

IMPRIMERIE DE G. BALITOUT ET Cᵉ

7, RUE BAILLIF, 7

1885

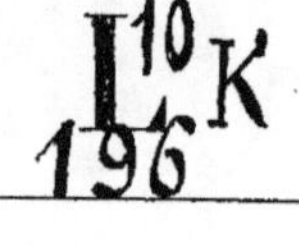

LETTRE

DU

TONKIN

Haï-Phong, octobre 1885.

PARIS

IMPRIMERIE DE G. BALITOUT ET Cᵉ

7, RUE BAILLIF, 7

—

1885

LETTRE DU TONKIN

I

Haï-Phong, octobre 1885.

L'IDÉE D'ÉVACUER

Le dernier courrier nous apportait des nouvelles bien attristantes. Le mot d'évacuation du Tonkin avait été prononcé par la presse radicale, et tous se demandaient si c'était vraiment là un acte réclamé par l'opinion publique. Je ne saurais dépeindre l'indignation et la honte que nous avons ressenties dans nos cœurs de Français en voyant qu'une pareille motion avait été accueillie par certaine presse comme possible, sinon comme nécessaire. Comment ! la France a fait des sacrifices énormes en hommes et en argent, et ce sol du Tonkin que le sang français a rougi partout, cette conquête splendide que jalousent les Anglais et où les Allemands viendraient avec enthousiasme nous remplacer demain, nous aurions la lâcheté de l'abandonner, parce que quelques dévoyés de la politique ont basé là-dessus leurs attaques contre un gouvernement tombé ; mais ce serait à ne plus oser sortir de nos frontières de peur d'être molesté par tous nos voisins !

Et ces pauvres gens qui n'ont pas craint d'exposer leurs capitaux et leur vie même en allant fonder, dans ce pays lointain, des établissements commerciaux qui, seuls, peuvent donner à notre intervention un caractère honnête et expliquer l'intention de notre politique coloniale ; ceux-là, faudra-t-il aussi les abandonner ? Il est vrai que, bientôt massacrés jusqu'au dernier avec les indigènes et, en particulier, les chrétiens qui nous ont aidés parfois avec tant de dévouement, leurs réclamations seraient ainsi étouffées et on n'entendrait plus parler d'eux.

J'ai tort de m'appesantir sur les conséquences fatales d'une évacuation supposée ; et, comme tous mes compatriotes au Tonkin, je suis convaincu d'avance que la nouvelle Chambre, qui va se réunir prochainement, aura la sagesse et le patriotisme de continuer une œuvre bonne en elle-même, et qui n'a eu qu'un tort, celui d'être mal dirigée jusqu'à ce jour, tellement mal, qu'il est possible d'expliquer, sinon d'excuser, les attaques dont elle a été si vivement l'objet.

II

LE RÉGIME MILITAIRE

C'est donc, me direz-vous, le régime militaire qui est cause de tous nos malheurs ? Vous êtes absolument dans le vrai. Un léger aperçu des mœurs de l'Annam vous le fera comprendre facilement. L'Annamite méprise le militaire et ne respecte que le fonctionnaire civil. Il a puisé cette opinion chez son voisin le Chinois, dont il a pris, en grande partie, les idées, comme il lui a pris sa civilisation. Les moyens énergiques lui répugnent, et il préfère, pour arriver à un but, se servir de son intelligence et, disons le mot, de sa duplicité. Il n'a recours à la force que lorsqu'il ne peut faire autrement et qu'il a employé tous les moyens ordinaires, y compris la force d'inertie, qui n'est certes pas à dédaigner. Nous avons tous vu au Tonkin les quelques résidents placés à la tête des provinces par le commissaire général, M. Harmand, se faire obéir avec la plus grande facilité par les fonctionnaires indigènes et se faire accepter par la plupart des populations ; mais ces agents étaient civils, pris dans le corps des administrateurs des affaires indigènes de Cochinchine, c'est-à-dire rompus depuis de longues années aux affaires indo-chinoises, parlant la langue du pays et inspirant ainsi la confiance. A cette époque, nous avions, comme résident général à Hué, un agent diplomatique appartenant à la carrière, doué d'un caractère calme, et à qui vingt années de fonctions consulaires en Chine avaient donné une grande expérience dans les relations politiques avec les régents.

M. Lemaire devait être sacrifié aux idées belliqueuses des commandants en chef, et son rappel coïncidait avec celui de plusieurs résidents dont la sage conduite ne méritait que des éloges. C'est alors que, rompant avec les saines traditions de notre politique en Extrême-Orient, le général de Courcy arrive devant Hué en *casseur*, prétend forcer le roi à venir présenter ses hommages à bord de sa canonnière, exaspère les grands mandarins de la cour, et cause ainsi la sanglante échauffourée dont il a failli être la première victime. Auprès de lui se trouvait pourtant un conseiller précieux dont les sages avis auraient dû éviter un conflit dont les suites ont eu et ont encore une si grande portée. M. de Champeaux, récemment arrivé de France, a vu ses protestations accueillies avec aigreur par le général en chef, et s'il faut en croire le bruit public, sa disgrâce n'aurait pas une autre cause. Peut-être que l'état-major général voyait aussi avec déplaisir un fonctionnaire très compétent prendre part aux délibérations; il est toujours gênant d'être contrôlé par plus savant que soi, surtout quand on est absolument ignorant des questions qu'on a l'outrecuidance de vouloir traiter.

Actuellement, il ne reste donc plus au Tonkin et en Annam ni chef politique à la hauteur de la situation, ni agents compétents pour mettre à exécution ses projets. Il serait cependant nécessaire de modifier, et dans le plus bref délai, un état de choses si regrettable et si préjudiciable à nos intérêts.

III

LE PROTECTORAT

Le gouvernement serait, dit-on, décidé à abandonner toute idée d'annexion et à se contenter d'un protectorat analogue à celui qui est appliqué en Tunisie.

Voici en peu de mots, et en tenant compte des intentions gouvernementales, comment il serait possible, à mon avis, d'organiser notre protectorat sur l'Annam et le Tonkin, de telle sorte qu'il sera facile de tirer un parti immédiat de ces deux pays et de préparer pour l'avenir et

sans secousse la transformation qui s'imposera un jour de
protectorat en annexion.

IV

CE QU'IL Y AURAIT A FAIRE

On se plaint, avec juste raison, du peu de documents
fournis par le général en chef sur les affaires intéressantes
de l'Indo-Chine. Les ministres qui s'occupent de la question
(le département de la guerre a, en effet, une mission, la ma-
rine également, et le ministère des affaires étrangères ne
peut se désintéresser de la politique en Annam), ne sont pas
suffisamment renseignés sur tous les incidents qui surviennent ; ils ne peuvent donc donner à leurs agents des instruc-
tions précises, répondre à la tribune aux interpellations, et
parler, dans le conseil, en toute connaissance de cause.

La création d'un bureau des affaires indo-chinoises au
ministère des affaires étrangères, comblerait un vide regrettable. Le ministre des affaires étrangères serait alors respon-
sable devant le pays, car il aurait seul la haute direction en
Extrême-Orient, et le bureau placé sous ses ordres le mettrait
à même d'en diriger les destinées. On ne verrait plus cette
confusion de pouvoirs et d'attributions qui jettent le trouble
dans les esprits et ont été en grande partie cause de tous nos
déboires. Quant à la composition de ce bureau, il serait facile
de trouver un diplomate rompu à la politique orientale, un

administrateur des affaires indigènes, quelques officiers techniques pour en faire partie. Plus tard, quand le ministère spécial des colonies, qui nous est promis depuis si longtemps, nous sera enfin donné, ce bureau, n'ayant plus de raison d'être, serait supprimé.

Voyons, maintenant, quels seraient les agents que le ministère des affaires étrangères devrait envoyer en Annam et au Tonkin pour y fonder la représentation civile de la France. A Hué serait un résident général, exécuteur de la pensée du gouvernement de la République. Son rôle consisterait à centraliser toute la politique française en Extrème-Orient. Les agents diplomatiques en Chine, au Japon, en Siam, en Birmanie, seraient invités à le tenir au courant de tous les événements intéressants ; il aurait sous ses ordres directs les résidents du Tonkin et les consuls que l'on doit placer sur les frontières du Tonkin et de la Chine. Il serait commandant des forces de terre et de mer. Un directeur des affaires civiles et le personnel de bureau reconnu nécessaire serait placé auprès de lui.

Au Tonkin, chaque province, conservée dans ses limites actuelles, telles que l'expérience de plusieurs siècles les a consacrées, serait placée sous le contrôle effectif d'un résident, qui centraliserait les pouvoirs consulaires vis-à-vis des Européens de toute nationalité et des Asiatiques étrangers, le commandement des troupes indigènes provinciales, la répartition et la perception de l'impôt au profit du protectorat et de concert avec les hautes autorités indigènes, enfin prendrait toutes les mesures qu'il reconnaîtrait nécessaires pour amener la pacification et assurer la prospérité du pays. Cette centralisation des pouvoirs peut paraître, au premier abord, excessive, mais elle est la conséquence forcée des mœurs et des coutumes du pays d'Annam, la Cochinchine lui doit sa prospérité actuelle. Le résident aurait sous ses ordres plusieurs résidents-adjoints chargés de l'assister dans ses hautes fonctions, qui ne pourraient être confiées qu'à des hommes expérimentés, jouissant de l'estime publique et ayant fait leurs preuves en Cochinchine. C'est aux anciens administrateurs de ce pays qu'il faudra faire appel, eux seuls sont capables de mener à bien une organisation si pénible et si difficile que celle du Tonkin. Leurs subordonnés, intelligemment choisis parmi les jeunes officiers du corps expéditionnaire, prendraient à leur contact les qualités administratives nécessaires, et seraient pour l'avenir une pépinière de choix pour les fonctions de résident.

V

ORGANISATION ADMINISTRATIVE

Le recrutement des fonctionnaires, ainsi que nous l'avons indiqué, aurait cet avantage de se faire sur place, dans un personnel instruit, intelligent, vigoureux et ayant déjà l'expérience du commandement ; mais il ne devrait être que provisoire, en ce sens que ces jeunes fonctionnaires devraient prouver plus tard, par des examens. sérieux, qu'ils ont profité de l'expérience de leurs chefs et de leurs initiateurs les résidents titulaires, et qu'ils ont acquis les connaissances indispensables à l'exercice de leurs nouvelles fonctions. C'est alors seulement que leur situation serait régularisée, et qu'ils entreraient dans les cadres à titre définitif.

1.

Une institution d'une importance capitale complèterait cette organisation ; je veux parler de la création d'une école d'administration indo-chinoise destinée à fournir plus tard des éléments plus divers, mais spécialisés, et dont les connaissances étendues faciliteraient certainement la tâche.

Le Tonkin tout entier ne compte que dix-sept provinces, en y comprenant celles de Than-Hoa, de Nge-an et de Hatinh qui en font géographiquement partie, mais que le dernier traité a rattachées à l'Annam central; ces provinces n'ont pas toutes la même importance et par suite le personnel de direction ne serait pas toujours aussi nombreux. Si les provinces de Hanoï, Nam-Dinh, Son-Tay, etc., demandaient, à cause de leur étendue, un résident et trois résidents adjoints, un résident assisté d'un seul résident adjoint suffirait pour les provinces plus petites et moins peuplées de Ninh-Binh et de Quang-Yen. J'estime que le corps des résidents et des résidents adjoints ne devrait pas comporter plus de soixante membres. Le personnel des bureaux serait composé de quelques secrétaires européens pris parmi les sous-officiers qui auraient fini leur temps de service, de lettrés et d'interprètes indigènes. Comme il serait absolument inutile de créer au Tonkin une direction de l'intérieur, puisque la centralisation des affaires serait faite à Hué dans les bureaux du résident général, on éviterait de tomber dans les errements de la Cochinchine, qui dépense pour son personnel de fonctionnaires et employés la plus grande partie du budget. Je suis convaincu qu'il suffirait de moins de deux millions pour payer les dépenses de direction et de contrôle, chiffre insignifiant si l'on pense à l'étendue du territoire du Delta (plus de 4.000.000 d'hectares) et au chiffre de sa population, qui dépasse 15 millions.

VI

L'ARMÉE INDIGÈNE

Une des causes principales du discrédit dans lequel est tombée l'affaire du Tonkin, c'est l'envoi dans une contrée si éloignée de la mère patrie de troupes françaises recrutées normalement pour la défense de notre territoire, et qui pourraient faire défaut le jour où le pays serait en danger. Je ne parlerai pas du mauvais effet produit sur la population par la mort d'un grand nombre de nos soldats, qui, ayant échappé au feu des Chinois, succombent aux maladies des pays tropicaux, aux privations et au manque de confortable si nécessaire dans les climats chauds. Il faut à tout prix que de nouveaux sacrifices en hommes ne soient plus nécessaires, et, pour arriver à ce but, il ne suffira pas de réduire l'effectif du corps expéditionnaire ; voici comment il serait possible d'éviter qu'un seul homme du contingent soit envoyé au Tonkin, sinon de bonne volonté.

Douze mille hommes de troupes européennes, je ne dis pas françaises, suffiraient, maintenant que la paix avec la Chine paraît assurée, à garder les confins du Delta et à les mettre à l'abri des attaques des bandes de Pavillons-Noirs et des rebelles chinois, qui en considèrent depuis de longues années le territoire comme leur proie naturelle. Rien de plus facile que de recruter, par engagements volontaires, douze

mille Français ou étrangers, que de les encadrer au moyen
d'officiers et de sous officiers français ayant quitté le service
ou encore sous les drapeaux.

Nous avons tous vu, après la prise de Son-Tay, les dépôts
des régiments étrangers regorger de volontaires, et plus de
6.000 demandes d'officiers ont été présentées au ministre de
la guerre au moment où on formait la mission militaire de
Hué. Le rôle de cette petite armée serait donc limité à la
garde du territoire du Delta contre l'ennemi de l'extérieur ;
ce serait aux troupes indigènes que serait confiée la mission
de rétablir et de maintenir l'ordre et la tranquillité dans
l'intérieur du pays, d'y faire la police, de protéger notre
personnel de contrôle, de faire respecter et exécuter ses
décisions, de réprimer les insurrections, soit seules, soit s'il
était absolument nécessaire, en les faisant soutenir par
quelques fractions de troupes européennes. Plus tard, quand
leur organisation sera parfaite, leur tâche deviendra plus
lointaine et plus élevée.

C'est avec les troupes indigènes que nous affermirons et
que nous étendrons notre influence en Extrême-Orient, que
nous satisferons en un mot nos ambitions nécessaires, celles
de faire échec à l'influence anglaise depuis la Birmanie
jusqu'aux confins du Yunnam, de fonder une possession
dont l'étendue et les richesses puissent nous faire oublier la
perte, jugée jusqu'à ce jour irréparable, de l'empire des
Indes.

Le jour où nous posséderons une armée indigène de
50.000 hommes, composée de soldats appartenant à une
race homogène, à une nation elle-même expansive et con-
quérante, nous arriverons à peser d'un poids très considérable sur la politique des puissances européennes dans toute
l'Asie, et, par une conséquence forcée, sur la politique européenne elle-même ; car avec une flotte entière et une armée

payée et entretenue par la possession, l'Indo-Chine devient nécessairement, sans aucun sacrifice ultérieur, sans aucune gêne pour la mère-patrie, l'arbitre des rivalités ardentes qui s'agitent autour de nous. Notre possession française d'Indo-Chine n'a plus rien à craindre d'une guerre européenne, bien loin d'être un embarras, elle apporte au contraire un appoint puissant à l'ensemble de forces de notre pays. C'est encore avec l'aide de cette armée indigène que nous pouvons faire profiter la France et les Annamites du magnifique héritage que nous léguera prochainement peut-être, dans les provinces méridionales de la Chine, l'écroulement du Céleste-Empire devenu notre voisin et incapable de supporter le contact direct des civilisations de l'Occident. Ces troupes indigènes seront recrutées suivant les lois et les coutumes annamites, c'est-à-dire fournies par les villages qui en sont responsables, et choisis parmi les inscrits ou fils d'inscrits, ainsi que cela se pratique en Cochinchine.

C'est avec la plus grande prudence qu'il faudrait accueillir les engagements volontaires qui ne peuvent fournir que de mauvais éléments sans contrôle possible et susceptible par conséquent, à un moment donné, de faire cause commune avec les rebelles. On n'ignore pas qu'on a créé au Tonkin trois régiments de tirailleurs tonkinois recrutés par la voie d'engagements, c'est-à-dire d'une manière entièrement contraire aux excellents principes du recrutement annamite, et qui ne peuvent par suite être composés que du rebut de la population, de tous les vagabonds ou pirates du pays, si nombreux dans les milieux asiatiques, lorsque les troubles et l'anarchie s'étendent pendant quelque temps. Cet expédient fâcheux nous a fait haïr davantage des indigènes, car les nouveaux soldats pillaient sans merci, malgré la surveillance la plus exacte.

Il faut de toute nécessité en revenir au système de recrutement annamite, qui fait de chaque soldat indigène un otage aux mains des agents du protectorat; celui-ci, en effet, nous fournira des troupes composées de l'élite de la population, nous permettra d'exercer une action des plus puissantes sur toute la masse indigène, non seulement au point de vue militaire et politique, mais même sous le rapport intellectuel et moral, et il nous donnera la faculté d'attacher à notre fortune d'une manière indissoluble les meilleurs éléments de la race conquise.

C'est seulement en nous conformant à ces principes que nous pourrons arriver à posséder rapidement cette armée indigène solide et homogène animée d'un bon esprit qui, loin de servir le vainqueur avec toutes sortes d'arrière-pensées et de le compromettre, se livrera ensuite complètement à lui.

Plus tard, dans un avenir qu'il faut nous appliquer à rendre très rapproché, nous pourrons employer une partie de cette armée à conquérir Madagascar, dont le climat et la nature du sol se rapprochent sensiblement de ceux de l'Annam.

Autant que possible, ces troupes indigènes seraient recrutées par province et les jeunes soldats seraient employés dans leur province même. Les troupes seraient organisées en bataillons provinciaux commandés par un capitaine et quelques lieutenants européens ; les cadres d'officiers indigènes seraient facilement remplis par d'anciens sous-officiers provenant des régiments de tirailleurs tonkinois et cochinchinois.

Quant aux officiers et sous-officiers français, le corps expéditionnaire actuel les fournirait facilement ; officiers et sous-officiers européens seraient tenus de contracter un engagement de cinq ans pour le Tonkin. C'est, en effet, à la seule condition de connaître la langue et les usages du pays qu'ils peuvent rendre de véritables services.

L'engagement sera renouvelable et il serait à désirer qu'il fût encouragé par des avantages pécuniaires et l'avancement. Comme je l'ai dit plus haut, les bataillons de chaque province seraient placés sous les ordres directs du résident. Le choix des officiers et sous-officiers français serait fait avec le plus grand soin, les uns et les autres devraient être des hommes d'élite, d'une moralité et d'une tenue éprouvées. Il ne faut pas perdre de vue qu'ils seront appelés à vivre en contact journalier avec les indigènes, et que rien ne fait perdre à un Européen la considération sans laquelle il ne peut être obéi, que les intempérences de langage ou le manque de tenue.

VII

BUDGET LOCAL

Pour entretenir les fonctionnaires civils et leurs agents, solder les troupes européennes et indigènes, construire les postes retranchés reconnus indispensables, les casernes, les hôpitaux qui manquent encore, effectuer les travaux publics sans lesquels les communications par terre et par eau ne peuvent se faire sans d'énormes difficultés, un budget de recette locale est indispensable, car la métropole ne peut continuer indéfiniment à jeter ses millions au Tonkin. Le Tonkin doit vivre de ses ressources propres et se suffire à lui-même. Voyons en peu de mots quelles sont ses ressources actuelles et ce qu'elles peuvent devenir à bref délai.

Lorsqu'il y a vingt ans, nous débarquions en Basse-Cochinchine, le pays fournissait annuellement au roi d'Annam 1.600.000 fr.; aujourd'hui, son budget est de 35 millions. La population de la Basse-Cochinchine est d'environ 1.800.000 habitants, et le sol ne produit presque exclusivement que du riz. Au Tonkin, le sol, d'une richesse inouïe, est propre à toutes les cultures riches : le riz, l'indigo, la canne à sucre, le mûrier, donnent deux récoltes par an ; une population de 15 millions d'habitants, laborieuse et industrieuse, fournit annuellement au roi d'Annam 12 millions d'impôts. Comparons ces chiffres avec ceux que nous venons de donner pour la Basse-Cochinchine, et qui osera nous accuser d'exagération si nous affirmons que le Tonkin peut et doit donner, en quelques années, un budget de 200 millions ?

VIII

LES IMPOTS

La question des impôts est, à l'heure présente, celle qui doit préoccuper le plus le gouvernement. D'une importance capitale pour l'avenir de notre protectorat, car c'est de leur versement dans nos caisses et non plus dans celles des mandarins que dépendra la prospérité de notre entreprise ou sa ruine, il convient d'éclairer l'opinion publique sur leur fonctionnement actuel et sur les améliorations qu'il est en notre pouvoir d'y apporter.

Il est un préjugé fortement enraciné en Europe, c'est qu'en dehors des limites de notre civilisation, les peuples étrangers, les Asiatiques en particulier, sont considérés comme de véritables sauvages que l'on peut transformer, modifier à son gré, sans tenir nul compte de leurs mœurs et de leurs coutumes. En ce qui concerne particulièrement l'Indo-Chine, cette erreur grossière a eu son influence sur les derniers événements, et il serait regrettable d'y retomber lorsque le régime civil viendra remplacer le régime militaire. Le Tonkin, longtemps asservi par les conquérants chinois, a pris les mœurs, les coutumes et les modes d'administration du vainqueur. L'Annamite tient à ses usages, d'autant plus que sa religion, basée sur le culte des ancêtres, le force à respecter et à imiter les actes de ses aïeux. Le progrès n'est pour lui qu'un mot vide de sens, et il faudrait plusieurs générations pour lui faire oublier ses antiques coutumes et adopter une partie des nôtres.

Que gagnerait-il au change? Ses besoins sont presque nuls. Un sol fertile pourvoit à ses besoins matériels, et son imagination trouve dans la littérature chinoise un vaste champ d'exploration. Ne cherchons donc pas à assimiler un peuple qui ne peut l'être, laissons-lui les formes de son administration, aussi parfaite en théorie que les nôtres, car elles répondent absolument aux mœurs du pays, et, si elles sont parfois faussées dans la pratique, c'est la cupidité et la mauvaise foi des fonctionnaires indigènes qui en sont la cause et non l'institution elle-même.

Prenons par exemple l'organisation des impôts. Comme on le sait, la commune annamite a une existence propre, elle est la base de toute l'administration indigène. Un conseil de notables choisi parmi les anciens, règle en premier ressort les différends qui surviennent entre les particuliers, répartit l'impôt et le perçoit sous sa responsabilité. Les fonctions des membres de ce conseil sont en apparence gratuites, en réalité, les habitants, soit au moyen de dons volontaires, de souscriptions, ou même d'une légère augmentation de l'impôt, pourvoient en partie à leurs besoins et parfois même les enrichissent. Cette responsabilité des notables en matière d'impôts est une de nos forces en Cochinchine, et l'expérience de vingt années l'a consacrée de telle façon, que nos gouvernants se sont bien gardés d'y toucher, quelle que fût leur tendance à bouleverser l'état de choses existant.

1° IMPÔT FONCIER

D'après les règles de l'administration annamite, chaque village doit établir tous les cinq ans un rôle d'impôt foncier, basé sur le précédent, en tenant compte des mutations survenues dans la propriété, les changements et les augmentations de culture. Ce rôle est nominal, les propriétés de l'Etat et celles de la commune y sont notées avec soin.

Les communaux ne restent pas improductifs, ils sont affermés aux habitants à la condition que ceux-ci paient l'impôt.

La durée du contrat est habituellement de trois ans.

Le tarif de l'impôt foncier varie suivant l'espèce de culture et la province. Les rizières, par exemple, forment trois classes suivant leur fertilité et leur plus ou moins de facilité à être inondées. On peut estimer à 5 fr. 50 l'impôt moyen d'un hectare cultivé en rizière.

Les autres cultures sont plus imposées comme plus riches,

et si l'on constate que le territoire du Delta renferme plus de quatre millions d'hectares cultivés avec le plus grand soin, c'est donc un *minimum de* 20 *millions que donnerait au Trésor l'impôt foncier*, si les rôles étaient établis d'une manière scrupuleuse ; actuellement, ils ne contiennent pas le quart des propriétés mises en valeur.

2° IMPOT PERSONNEL

Dans chaque village, la population est divisée en deux catégories principales : les inscrits et les non inscrits.

Les inscrits paient l'impôt personnel, qui varie de 1 fr. à 1 fr. 50 par tête, suivant les provinces. Les propriétaires fonciers, les marchands, les artisans, en un mot tous les indigènes valides et domiciliés dans le territoire du village, sont astreints à payer cet impôt ; pratiquement, plus des neuf dixièmes de ces contribuables y échappent ; le rendement de cet impôt est donc insignifiant ; mais, de l'avis des personnes compétentes, il devrait être porté à 1 piastre par tête (environ 4 fr. 70 cent.) et fournirait au Trésor *annuellement de* 8 *à* 10 *millions de francs.*

La capitation des Chinois et autres Asiatiques étrangers était, d'après les tarifs annamites, d'environ 20 francs par an et par tête. Ce chiffre devrait être triplé, quadruplé, car les Chinois qu'on rencontre au Tonkin appartiennent tous à la catégorie des marchands et des commerçants ; le coolie chinois ne s'y trouve nulle part ; la main-d'œuvre est à trop bas prix pour que l'artisan ou le manœuvre chinois y vienne exercer son industrie.

Cet impôt produira environ *un demi-million chaque année*

3° PATENTES

Les patentes n'existent pas au Tonkin; c'est à nous de les créer. Leur produit constituerait le plus clair des revenus des centres urbains; il servirait à construire les établissements d'utilité publique : casernes, hôpitaux, marchés, abattoirs; à payer les dépenses de voiries, à créer enfin tout ce qui n'existe encore qu'à l'état embryonnaire.

4° LES DOUANES : L'OPIUM

D'après les traités en vigueur, le produit des douanes nous a été attribué complètement par la cour d'Annam, mais la période de guerre que nous venons de traverser a rendu impossible toutes les transactions avec les territoires avoisinant le Delta. Les produits du Yunnan, en particulier, ont pris la route de Pakoï à travers les provinces de la Chine occidentale, et la caisse des douanes est alimentée depuis trois ans par le commerce maritime. C'est dire qu'il serait inexact de se baser sur le chiffre de nos recettes pendant ces dernières années, pour apprécier la valeur des droits à percevoir plus tard, lorsque la pacification sera terminée. Nous devons espérer qu'à cette époque, un chemin de fer, reliant Hanoï à Lao-Kaï, attirera sur nos territoires les richesses naturelles du Yunnan. La douane rapportera alors 50 millions.

Nous avons dit que la Cochinchine renferme à peine 1.800.000 habitants. Le revenu de l'impôt sur l'opium et les alcools de riz y atteint environ 15 millions de francs. Il est vrai que, depuis vingt années d'occupation, ce pays a prospéré dans des conditions merveilleuses ; pourquoi n'en serait-il pas de même pour le Tonkin ?

IX

CONCLUSION

Je crois avoir suffisamment démontré qu'avec les ressources propres du Tonkin, rien ne sera plus facile d'entretenir une armée européenne d'un effectif restreint, une forte armée indigène, et de payer les dépenses de l'administration. Nous ne pourrons pas, il est vrai, nous lancer immédiatement dans les grandes entreprises de travaux publics reconnus nécessaires, à moins que les capitalistes français, confiants dans l'avenir d'un pays qui doit devenir en peu d'années notre plus belle colonie, n'hésitent pas à prêter l'appui de leurs capitaux.

Nous avons vu, au moment même où les Chinois occupaient encore la plus grande partie du Delta, de hardis compatriotes fonder à Haï-Phong et Hanoï, de grandes maisons de commerce que soutenaient des Sociétés financières de Paris.

Nous citerons entre autres la *Société française de l'Annam et du Tonkin*, dont le fonds social, par suite de l'extension des affaires, était il y a peu de temps doublé. Une des plus grandes maisons de commerce de Lyon, celle d'Ulysse Pila, faisait d'énormes sacrifices pour fonder au Tonkin des comptoirs destinés à lutter avec le commerce anglais de Hong-Kong et se félicitait des résultats acquis. Enfin, les fameuses mines du Tonkin (je parle des mines de charbon de la baie d'Along, et non des mines d'or, qui sont sans aucune importance), ces mines qui renferment, de l'avis des ingénieurs les plus compétents, un charbon supérieur à celui que fournissent la Chine, le Japon et même l'Australie, sont restées sans valeur par suite de la faiblesse d'un gouvernement qui redoutait de fournir des armes à ses ennemis, et nos navires de guerre, nos bateaux de commerce vont encore chercher à Hong-Kong du charbon anglais que nos excellents voisins savent leur faire payer un bon prix.

Il s'est trouvé pourtant un homme d'une énergie rare qui, dans un séjour de plus d'un an au Tonkin, s'était fait de nombreux amis par sa haute intelligence, sa parfaite correction et son initiative, aussi bien parmi les hauts fonctionnaires de la cour que dans la population européenne. Accueilli avec faveur par les régents, qu'il avait su intéresser au succès de ses opérations en leur donnant une part considérable dans les bénéfices, il avait obtenu d'acheter au roi, et à un prix fort élevé (100.000 dollars), une partie des territoires miniers du Delta. Son œuvre est restée jusqu'à ce jour sans résultat, le gouvernement ayant refusé de valider un contrat conclu suivant les lois du pays avec la cour d'Annam.

Je termine ici cette correspondance déjà trop longue, bien que je n'aie fait qu'indiquer imparfaitement les vices de direction et d'administration qui frappent, tout d'abord, quand on vit quelque temps au Tonkin. J'ai fait entrevoir quelles seraient les réformes les plus urgentes. Je n'ajouterai qu'un mot : ce qui manque au Tonkin comme à Hué, ce sont des hommes instruits des choses de l'extrême Orient, fami-

liarisés avec les mœurs, la langue, les coutumes de l'Indo-
Chine. Nous pourrions cependant en nommer beaucoup,
tels que : les Harmand, les Rheinard, les de Champeaux,
les Lemaire, qui ont fait leurs preuves. Qu'on les emploie
donc.

D'autre part, au Tonkin, il s'est trouvé quelques résidents
appartenant aux affaires indigènes de Cochinchine dont le
renvoi a consterné nos nationaux ; qu'on fasse de nouveau
appel à leur patriotisme. Avec de tels hommes pour diriger
la politique et l'administration du protectorat, un commandant militaire comme le vaillant général de Négrier, le
Tonkin paiera, au centuple, la France de ses peines et de ses
sacrifices.